BEI GRIN MACHT SICH IHR
WISSEN BEZAHLT

Die Blockchain und ihr Nutzen für Finanzinstitute

Tim Kösling

Bibliografische Information der Deutschen Nationalbibliothek:

Die Deutsche Nationalbibliothek verzeichnet diese Publikation in der Deutschen Nationalbibliografie; detaillierte bibliografische Daten sind im Internet über http://dnb.d-nb.de abrufbar.

ISBN: 9783346262219
Dieses Buch ist auch als E-Book erhältlich.

Druck und Bindung: Books on Demand GmbH, Norderstedt Germany
Gedruckt auf säurefreiem Papier aus verantwortungsvollen Quellen

Das vorliegende Werk wurde sorgfältig erarbeitet. Dennoch übernehmen Autoren und Verlag für die Richtigkeit von Angaben, Hinweisen, Links und Ratschlägen sowie eventuelle Druckfehler keine Haftung.

Das Buch bei GRIN: https://www.grin.com/document/937248

Hamburger Fern-Hochschule

MBA General Management

Hamburg

Modul Network Management

GM00-NEM-PU2

Ausarbeitung zur komplexen Übung

Die Blockchain und

ihr Nutzen für Finanzinstitute

Frühjahrssemester 2020

von

Tim Kösling

30.05.2020

Inhaltsverzeichnis

Tabellenverzeichnis

Tabelle   **Seite**

Abkürzungsverzeichnis

DLT	Distributed Ledger Technologie
GB	Gigabyte
Nonce	Number only used once

*In der Hausarbeit sind stets Personen männlichen und weiblichen Geschlechts gleichermaßen gemeint; aus Gründen der einfacheren Lesbarkeit wird im Folgenden nur die männliche Form verwendet.

1 Einleitung

Seit der Veröffentlichung des Whitepapers am 1. November 2008 zum Thema Bitcoin durch das Pseudonym Satoshi Nakamoto hat die Bedeutung der damit verbundenen Blockchain-Technologie stetig gewonnen.[1] Laut Statista gab es 2008 37 Patentanmeldungen weltweit zum Thema Blockchain. 2013 waren es 72 Anmeldungen, 2016 895 und 2018 gab es 4.673 Patentanmeldungen zu diesem Thema.[2] Hier zeigt sich die steigende Relevanz des Themas. Dagegen hat der Digitalverband Bitkom in seiner Studie 2019 festgestellt, dass gerade 2% der Deutschen Unternehmen die Blockchain im Einsatz haben. 6% der über 1.000 befragten Unternehmen aus der Stichprobe planen den Einsatz bzw. diskutieren über das Thema. Bei 89% der Befragten ist die Blockchain bisher kein Thema.[3] Damit zeigt sich das große Potential für die Blockchain.

1.1 Problemstellung

Im Rahmen der vorliegenden Arbeit werden Ideen und Lösungsansätze zum Nutzen der Blockchain für Finanzinstitute gesucht. Die Arbeit soll die Frage beantworten, ob Banken perspektivisch als Intermediäre[4] noch erforderlich sind oder ob, die Netzwerkteilnehmer eigenständig handeln können. Die Betrachtung erfolgt aus Sicht der Existenzgefährdung des Finanzsektors. Zentrales Element ist eine Gegenüberstellung der Aufgaben von Banken mit den Vorteilen und Eigenschaften der Blockchain. Auf diese Weise werden die möglichen Betätigungsfelder für Banken identifiziert.

1.2 Systematik der Literaturrecherche

Zuerst wurde das Thema anhand der Suche über die Suchmaschine Google eingegrenzt. Anschließend wurde mithilfe der virtuellen Fachbibliothek econbiz die Auswahl der Literatur vorgenommen. Hierfür wurden Suchbegriffe wie „Bitcoin",

---

[1] Vgl. Nakamoto, 2008

[2] Vgl. Statista, 2019

[3] Vgl. Gentemann, 2019

[4] Vermittler zwischen Gläubigern und Schuldnern auf dem Finanzmarkt

„Blockchain", „Finanzsektor", „Bankensektor", „Banken", „Finanzinstitute", „Finanzwesen", „Börse", „Kryptographie", „Anonymität", „Transparenz", „Smart Contracts" oder „Zahlungsverkehr" genutzt. Ergänzend wurde diese Suche auf die Fachbibliothek des Springer Verlags ausgeweitet. Abschließend wurde die Recherche durch Analyse des Statistikportals Statista beendet.

1.3 Aufbau der Arbeit

Zu Beginn der Arbeit wird die Funktionsweise der Blockchain erläutert. Hierbei wird auf eine detaillierte technische Erläuterung verzichtet. Anschließend folgt das Kapitel der Kryptografie, um die Verkettung der Blockchain näher zu beschreiben. Darauffolgend wird auf die zentralen Merkmale Dezentralität, Sicherheit, Transparenz und Anonymität der Blockchain näher eingegangen. Daran anknüpfend wird der Einsatzbereich der Blockchain beleuchtet. Hierzu wird auf den Zahlungsverkehr, Währungen, Börsen und Smart Contracts eingegangen. Im Kapitel „Lösungsansatz zum Nutzen der Blockchain für Finanzinstitute" werden die Aufgaben von Banken den Vorteilen und Eigenschaften der Blockchain gegenübergestellt. Hierdurch werden mögliche Einsatzfelder der Blockchain für Finanzinstitute identifiziert und die perspektivische Rolle von Banken in der Blockchain kurz beschrieben. Außerdem wird die Frage beantwortet, ob die Aufgaben von Banken durch die Nutzung der Blockchain-Technologie entfallen können. Abschließend folgen die Diskussion und Zusammenfassung. Die Begriffe Banken und Finanzinstitute werden im Folgenden synonym verwendet.

2   Funktionsweise der Blockchain

Die Blockchain-Technologie bietet die Chance, dass sich Informationen und Transaktionen sicher und schnell in einem Netzwerk mit vielen Beteiligten austauschen lassen. Der Ausgangspunkt ist eine Datenbank, die alle Transaktionen speichert und sie fälschungssicher ablegt. Die Datenbank wird auf vielen Rechnern in einem Peer-to-Peer-Netzwerk[5] abgelegt. Jeder Rechner mit einer vollständigen Datenbank hat die Aufgabe, Transaktionen zu überprüfen und zu dokumentieren. Denn die Informationen der Transaktionen sind jedem öffentlich zugänglich.[6]

Am Beispiel der Bitcoin-Blockchain kann der Aufbau der Blockchain beschrieben werden. Bitcoin bezeichnet eine digitale Einheit. Bei der Blockchain wird eine Kette von Datensätzen gebildet. Durch den sogenannten Proof-of-Work-Algorithmus werden die Datensätze bzw. Bitcoins erzeugt. Hierbei werden die Daten verschlüsselt und miteinander verkettet. Das erfolgt durch einzelne Computer im Netzwerk, um getätigte Transaktionen zu verrechnen, sodass der gesamte Datensatz in die Blockchain integriert werden kann.[7]

2.1   Kryptographie

In der Blockchain werden Transaktionen durch Kryptographie miteinander verrechnet und durch einen Hash verschlüsselt. Der Hash bildet eine Prüfsumme aus allen Transaktionen des Blocks und der nächste Block beinhaltet den Hash des vorherigen Blocks. Dadurch entsteht die Verkettung und es wird sichergestellt, dass die Kette nicht verändert werden kann. Eine Manipulation von früheren Transaktionen würde den Hash des Blocks verändern und somit würden die folgenden Blöcke nicht mehr zu den vorherigen passen. Zusätzlich erhält jeder Block einen Zeitstempel. Damit wird abgelegt, wann der Block errechnet wurde.[8]

---

[5] Rechner-Netze, bei denen mehrere Computer untereinander verbunden sind und zusammenarbeiten

[6] Vgl. Hülsbömer, 2020

[7] Vgl. Schiller, Blockchainwelt, 2020

[8] Vgl. Nakamoto, 2008

Diese Aufgabe übernehmen Miner. Der Vorgang wird verglichen mit dem Schürfen von Gold und wird daher mining genannt. Miner fungieren bei Kryptowährungen wie Rechnungsprüfer. Sie bestätigen die Korrektheit der Transaktionen. Zur Verschlüsselung der Bitcoin wird der SHA256-Algorithmus verwendet.

Als Anreiz erhalten Miner zwei Belohnungen. Für das Erstellen eines Blocks erhalten sie seit dem 11.04.2020 6,25 Bitcoin. Alle 210.000 Blöcke wird die Höhe der Belohnung halbiert. 2009 gab es noch 50 Bitcoins als Belohnung, im November 2012 waren es 25 und 2016 noch 12,5 Bitcoins.

Zusätzlich erhalten Miner die Transaktionsgebühren, die in einem Block enthalten sind. Das sind derzeit zwischen 0,4 bis 2 Bitcoins. Hier ist die Höhe des Transaktionsvolumens ausschlaggebend.

Um diese Belohnungen zu erhalten, müssen die Miner ein Ratespiel lösen. Das Konzept heißt „Proof of Work". Die Miner treten gegeneinander an und wer zuerst den sogenannten Target Hash errät, ist der Gewinner. Dazu müssen sie eine Number only used once (Nonce) finden. Bei Bitcoin ist diese 32 Bit bzw. 4.294.967.296 Byte groß.[9]

2.2 Dezentralität

Das Grundgerüst der Blockchain ist Dezentralität. Die Informationen der Blockchain werden nicht zentral auf einem Server gespeichert. Jeder Teilnehmer im Netzwerk speichert und verarbeitet die Daten der Blockchain. Die Technik nennt sich Distributed Ledger Technologie (DLT). Das bedeutet, dass viele verschiedene Teilnehmer über das Internet miteinander verbunden sind und die gesamte Blockchain auf ihrem Computer gespeichert haben. Diese Computer nennen sich Nodes oder auch Knotenpunkte. Sie haben die Bitcoin-Software installiert und betreiben den Programmcode.[10] Hierfür wird auf jedem Rechner entsprechender Speicherplatz verbraucht. Die Bitcoin-Blockchain hatte am 18.04.2020 eine Größe von ca. 273 GB.[11]

---

[9] Vgl. Gruber, 2018

[10] Vgl. Schiller, Blockchainwelt, 2020

[11] Vgl. Blockchain, 2020

2.3   Sicherheit und Transparenz

Durch die DLT wird jede Transaktion sicher dokumentiert und für alle Beteiligten transparent. Updates sind nur möglich, wenn alle Teilnehmer im Netzwerk zustimmen. Falls ein Teilnehmer angibt, dass er einen höheren Kontostand hat als es der Wahrheit entspricht, können die Nutzer in ihren eigenen Datenbanken nachschauen und vergleichen. Hierdurch wird der Schwindel transparent. Zusätzlich kann durch den Abgleich der Betrüger ausfindig gemacht und aus dem Netzwerk ausgeschlossen werden. Damit sind die Daten in einer Blockchain akkurat, transparent und konsistent. Durch die Dezentralität der Daten ist es für Hacker nahezu unmöglich Daten zu verändern. Da sich die Hash-Werte verändern würden und dies würde von den übrigen Teilnehmern des Netzwerkes nicht akzeptiert werden.[12]

2.4   Anonymität

Banken gewähren ihren Kunden Anonymität indem getätigte Transaktionen nur dem Sender und Empfänger gezeigt werden. Bei der Blockchain sind jedoch sämtliche Transaktionen öffentlich bekannt. Anonymität kann trotzdem gewährleistet werden. In der Blockchain werden die gesendeten Beträge öffentlich gezeigt, ebenso wie die Kontostände. Die Sender und Empfänger sind jedoch anonym. Dieses Prinzip ähnelt einer Börse. Es werden der Zeitpunkt und die Größe von Transaktionen veröffentlicht, die Identität der involvierten Parteien bleibt geheim.[13]

Falls die Adresse eines Nutzers einem Namen zugewiesen werden kann, wird die Anonymität aufgehoben. Danach lassen sich alle weiteren Transaktionen der Person einsehen.[14]

2.5   Einsatz der Blockchain im Zahlungsverkehr

Die Anwendung der Blockchain ist prädestiniert für den Zahlungsverkehr. Ähnlich wie im Bitcoin-Netzwerk könnten zukünftig Zahlungen grenzüberschreitend in Echtzeit direkt zwischen den Vertragspartnern durchgeführt werden. Hier bedarf es

---

[12] Vgl. Meier & Fill, 2020

[13] Vgl. Nakamoto, 2008

[14] Vgl. Schiller, Blockchainwelt, 2020

keiner weiteren Intermediäre. Bislang benötigen selbst webbasierte Zahlungsver-
kehrssysteme wie PayPal Banken und Kreditkartenunternehmen als Dienstleister.[15]

2.5.1 Währungen

Das technische Modell der Blockchain wurde im Rahmen der Kryptowährung Bitcoin entwickelt. Bitcoin fungiert als webbasiertes, dezentrales Buchhaltungssys-
tem. Es werden alle Transaktionen, die jemals getätigt wurden, gespeichert. Durch
die Einsparung der Intermediäre zahlen die Teilnehmer geringere Transaktionsgebühren und sind schneller als traditionelle Zahlungsverkehrs-Anbieter.[16] Laut Statista kostet die länderübergreifende Transaktion bei Bitcoin 0,016% und dauert ca.
10 Minuten. Dagegen kostet eine transnationale Banküberweisung durchschnittlich
7,6% und beansprucht 2-5 Tage. Zu den größten Kryptowährungen zählen Bitcoin,
Ethereum und Ripple. Bitcoins Marktkapitalisierung beträgt 80%, Ethereum hat 9%
und Ripple 2%. Weitere kleine Kryptowährungen vereinen 9% der Marktkapitalisierung auf sich.[17]

2.5.2 Börse

Derzeit sieht die Rechtslage in Deutschland nicht vor, dass Wertpapiere auf Basis
einer Blockchain begeben werden können. Die Bundesregierung plant das deutsche
Recht für elektronische Wertpapiere zu öffnen. Im bisherigen Recht ist es zwingend
erforderlich, Wertpapiere als papierhafte Urkunden zu verkörpern. Bei einer Öffnung können Wertpapiere auch auf elektronischem Wege begeben werden. Zuerst
ist die Öffnung für elektronische Schuldverschreibungen vorgesehen. In einem
zweiten Schritt werden die Einführung der elektronischen Aktie und elektronischer
Investmentfondsanteile geprüft.[18] Zusätzlich kann die Blockchain-Technologie zu
Effizienzsteigerungen an der Börse beitragen. Bisher beträgt die Abwicklungsdauer
im Aktienhandel mit girosammelverwahrten Wertpapieren zwei Tage. Die Blockchain kann diese Abwicklung beschleunigen. Würden die zeitintensiven Clearing-

---

[15] Vgl. Brühl, 2017

[16] Vgl. Hülsbömer, 2020

[17] Vgl. Brandt, 2016

[18] Vgl. BMWI, 2019

und Settlementprozesse verschmelzen, könnte die Abwicklung in Echtzeit passieren. Zusätzlich könnten die Dividenden- und Couponzahlungen mit Smart Contracts automatisiert werden.[19]

2.5.3 Smart Contracts

Die in der Blockchain enthaltenen Transaktionen können auch Anweisungen enthalten. Die Bezeichnung der Smart Contracts geht auf Nick Szabo in 1994 zurück.[20] Ein Smart Contract ist ein Programm, das auf der Blockchain gespeichert ist. Es setzt sich aus der Vereinbarung zwischen zwei Parteien zusammen. Anschließend wird fortlaufend geprüft, ob die vertraglich vereinbarte Situation eingetroffen ist. Dies führt automatisch zu der vorher vereinbarten Aktion. Somit sind Smart Contracts selbstvollziehende Verträge, die den Abschluss und die Vollziehung von Rechtsgeschäften sicherstellen. Dadurch soll eine höhere Vertragssicherheit im Vergleich zu herkömmlichen Verträgen hergestellt werden bei gleichzeitiger Reduzierung der Transaktionskosten. Die manuelle Überwachung der Vertragserfüllung entfällt.[21]

---

[19] Vgl. Brühl, 2017

[20] Vgl. Szabo, 1994

[21] Vgl. Meier & Fill, 2020

3 Lösungsansatz zum Nutzen der Blockchain für Finanzinstitute

Um den Nutzen der Blockchain für Finanzinstitute zu identifizieren, eignet sich eine Gegenüberstellung der Aufgaben von Banken mit den Vorteilen und Eigenschaften der Blockchain. Ergänzend gibt die Beantwortung der Frage, ob die Aufgaben der Banken durch die Blockchain wegfallen können, Aufschluss darüber, ob Banken ihre Aufgaben in der Zukunft noch ausführen werden.

Zu den Aufgaben von Banken zählen die Abwicklung des Zahlungsverkehrs, die Bereitstellung von Kreditmitteln und die Vermögensverwaltung. Hier wird von Ihnen die Losgrößentransformation erwartet. Sie führen die ungleichen Beträge in der Anlage und der Kreditaufnahme von Kunden zusammen. So können viele kleine Sparer dazu führen, dass die Bank einem Unternehmen einen großen Kredit ausleihen kann. Ebenfalls übernehmen Banken die Fristentransformation. Bankkunden können als Sparer kurzfristig orientiert sein. Sie möchten die Möglichkeit haben, ihr Sparguthaben kurz- oder mittelfristig zurück zu haben. Dagegen wollen Hauskäufer einen langfristigen Kredit erhalten. Banken nutzen Substitutions- und Prolongationseffekte, um kurzfristige Gelder langfristig auszuleihen. Eine weitere wichtige Funktion von Banken ist die Risikotransformation. Banken bringen das von Kapitalgebern akzeptierte Risiko mit dem von Kapitalnehmern erwünschte Risiko in Übereinstimmung. Dies erfolgt zum Beispiel durch Portfoliobildung. Außerdem wird von einer Bank erwartet, dass sie Geldbestände rechtssicher und vertraulich für sich und ihre Kunden dokumentieren und Liquidität bereitstellen.

Der Einsatz der Blockchain eignet sich bei hohen Anforderungen an Daten- und Prozessintegrität. Informationen werden nahezu täuschungssicher abgelegt und sie sind zurück verfolgbar. Die Manipulationsgefahr wird verringert. Ebenfalls erleichtert die Blockchain die Abwicklung von Transaktionen. Sie können kostengünstiger und schneller abgewickelt werden. Gleichzeitig gewährt die Blockchain Anonymität. Auch Börsen lassen sich perspektivisch über die Blockchain installieren.

Im Ergebnis kann die Blockchain den Wegfall einiger Aufgaben und Dienstleistungen von Banken erwirken. Zum Beispiel ermöglicht die Blockchain, dass zukünftig auf Clearing-Stellen im Zahlungsverkehr verzichtet werden kann. In diesem Bereich entfällt die Intermediärsleistung der Bank, die Vertragspartner handeln direkt miteinander. Unterdessen sollten Banken ihren Platz und ihre Aufgabe in dem neuen Umfeld finden. Zum Teil müssen sie sich hierfür neu erfinden. Möglich wäre beispielsweise das Management von elektronischen Assets wie Aktien. Als Dienstleistung können sie weiterhin das Portfoliomanagement anbieten. Dies kann mit Smart Contracts automatisiert werden, da die Entscheidungen auf mathematischen Modellen beruhen.[22] Auf diese Weise lassen sich bestehende Ineffizienzen reduzieren. Zusätzlich hilft die Blockchain Verwaltungskosten der Depots zu senken. Die Einhaltung von regulatorischen Auflagen wie die des Geldwäsche-Gesetzes werden durch die Blockchain erleichtert. Die Herkunft des Geldes ist jederzeit zurück verfolgbar. Zu guter Letzt werden die Aufgaben der Losgrößentransformation, der Fristentransformation und der Risikotransformation auch zukünftig gefordert sein. Privatpersonen werden regelmäßig nicht in der Lage sein, die Höhe von Unternehmensfinanzierungen zu leisten oder ihr Geld für eine 30-jährige Immobilienfinanzierung zu verleihen oder die Risiken von gewerblichen Finanzierungen zu tragen. Hier kann die Bank zum Beispiel selbst als Teilnehmer in der Blockchain als Vertragspartei auftreten oder geforderte Transaktionen koordinieren. Des Weiteren wäre denkbar, dass Banken eigene Blockchains und eigene Plattformen gründen. Auch könnten sie als Miner auftreten und hierüber Einnahmen generieren. Zusätzlich wäre denkbar, dass Banken ihr fachliches Know-How und ihre Kundenbeziehungen in das Medium Blockchain einbringen.

Die folgende Tabelle fasst die Ergebnisse der Überlegungen zusammen:

Aufgaben von Banken	Kann die Aufgabe der Bank durch die Nutzung der Blockchain entfallen?
Clearing im Zahlungsverkehr	Ja
Losgrößentransformation	Nein
Fristentransformation	Nein
Risikotransformation	Nein
Betrieb einer Börse	Nein
Portfoliomanagement	Nein
Sicherstellung der Einhaltung von regulatorischen Auflagen	Nein

Tabelle 1: Gegenüberstellung der Aufgaben von Banken und die Nutzung der Blockchain[23]

[22] Vgl. Meier & Fill, 2020

[23] Eigene Darstellung

Die Gegenüberstellung zeigt, dass Banken auch zukünftig eine Daseinsberechtigung genießen. Darüber hinaus können sie neue Aufgaben wie das Mining im Rahmen der Nutzung der Blockchain-Technologie wahrnehmen.

Zur Umsetzung gilt es noch eine Reihe von Herausforderungen zu meistern. Exemplarisch sind hier fehlende gesetzliche Rahmenbedingungen anzuführen. Auch fehlt es an Standardisierung. Diese ist aufgrund der Diversität der betroffenen Stakeholder nicht leicht umzusetzen. Aber die Bundesregierung hat die Problematik erkannt und plant in ihrer Blockchain-Strategie Rechtssicherheit beim Thema Blockchain herzustellen. Dies ist eine wichtige Voraussetzung, um zum Beispiel Anlegerschutz zu gewähren.[24]

Zukünftig wäre es denkbar, sobald die rechtlichen Rahmenbedingungen geklärt sind, dass Banken Krypto-basierte Wertpapiere emittieren oder mit Bitcoins in Geschäften bezahlt werden kann. Zur Umsetzung der beschriebenen Möglichkeiten sollten sich Banken in Netzwerken zusammenschließen. Einheitliche Lösungen werden die größte Akzeptanz genießen. Gleichzeitig können die Kosten zur Installation der Infrastruktur und weiterer Forschung geteilt werden.

Ziel des Kapitels war es den Nutzen der Blockchain für Finanzinstitute zu identifizieren und Ideen hierfür zu zeigen. Ziel war es nicht eine umfassende Anleitung für Finanzinstitute zur zukünftigen Ausrichtung ihrer Strategie beim Thema Blockchain zu liefern, hierzu müssen weitere Untersuchungen angestellt werden.

---

[24] Vgl. BMWI, 2019

4 Diskussion

Die Arbeit hat Ideen und Lösungsansätze zum Nutzen der Blockchain für Finanzinstitute gesucht. Die Untersuchung hat stattgefunden, da Intermediäre in einer Blockchain im Vergleich zum klassischen Zahlungsverkehr nicht mehr benötigt werden. Daran schließt sich die Frage an, ob Banken noch eine Daseinsberechtigung nach vollumfänglicher Nutzung dieser Technologie genießen. Die Ergebnisse der Arbeit zeigen, dass Banken auch weiterhin eine Reihe von Dienstleistungen anbieten können und ihre Existenz nicht gänzlich bedroht ist. In Teilbereichen wird die Intermediärsleistung der Banken durch die Blockchain jedoch nicht mehr benötigt. Bei der Darstellung der Blockchain-Technologie wurde auf die wichtigsten technischen Eigenschaften eingegangen. Auf eine detaillierte technische Darstellung wurde bewusst verzichtet. Als Methode zur Identifikation des Nutzens der Blockchain für Finanzinstitute wurde eine Eigenentwicklung gewählt. Begonnen wurde mit der Darstellung der Kern-Aufgaben von Banken. Darauffolgend wurden die Eigenschaften und Vorteile der Blockchain dargestellt und hieraus mögliche Betätigungsfelder für Banken identifiziert. Ergänzend wurde die Frage beantwortet, ob die Aufgaben von Banken wegfallen können aufgrund der Nutzung der Blockchain-Technologie.

Im Rahmen der vorgegeben Länge der Arbeit konnten diese Ansätze nicht weiter vertieft werden. Im Folgenden wären die Ansätze weiter zu konkretisieren und praktische Anwendungen zu pilotieren. Auch nehmen Banken heutzutage weitere Dienstleistungen wahr, ein Beispiel ist der Vertrieb von Versicherungen. In der Arbeit wurde sich auf die klassischen Aufgaben der Banken konzentriert und zusätzliche Betätigungsfelder ausgeblendet.

Das Ergebnis der Untersuchung war aufgrund der Neuartigkeit der Technologie ungewiss. Die Arbeit zeigt, dass die Blockchain nur Teilbereiche der tatsächlichen Aufgaben von Banken abdeckt und Banken neue Betätigungsfelder in der Blockchain finden können.

5 Zusammenfassung

Gegenstand der Arbeit ist es, Ideen und Lösungsansätze zum Nutzen der Blockchain für Finanzinstitute zu finden. Die Arbeit zeigt, dass Banken perspektivisch als Intermediäre noch erforderlich sind. Auf Clearing-Stellen im Zahlungsverkehr kann mithilfe der Blockchain-Technologie zukünftig verzichtet werden. Dagegen können Finanzinstitute im Bereich der Vermögensverwaltung weiterhin das Portfoliomanagement anbieten. Auch zukünftig werden die klassischen Funktionen von Banken die Losgrößen-, Fristen- und Risikotransformation gefordert sein. Im Weiteren zeigt die Arbeit, dass Banken selbst als Miner auftreten können. Zusätzlich bietet die Blockchain die Möglichkeit, Verwaltungskosten von Depots zu reduzieren und die Einhaltung von regulatorischen Auflagen zu vereinfachen. Zur Umsetzung der beschriebenen Themen gilt es Rechtssicherheit und Standardisierung herzustellen. Die Bundesregierung arbeitet derzeit an der Umsetzung.

Quellenverzeichnis

Blockchain. (19. April 2020). *Blockchain.* Von https://www.blockchain.com/charts/blocks-size abgerufen

BMWI. (2019). *Blockchain-Strategie der Bundesregierung.* Berlin: Bundesministerium für Wirtschaft und Energie.

Brandt, M. (11. August 2016). *Statista.* Von https://ssl.th-luebeck.de:11001/infografik/5516/ueberweisungen-banken-versus-bitcoin/ abgerufen

Brühl, V. (2017). *Bitcoins, Blockchain und Distributed Ledgers: Funktionsweise, Marktentwicklungen und Zukunftsperspektiven.* Heidelberg: Springer.

Gentemann, L. (2019). *Blockchain in Deutschland - Einsatz, Potenziale, Herausforderungen.* Berlin: Bitkom e.V. .

Gruber, G. (08. Februar 2018). *Futurezone.* Von https://futurezone.at/digital-life/mining-so-funktioniert-das-schuerfen-nach-bitcoin/400002913 abgerufen

Hülsbömer, S. (27. Februar 2020). *Computerwoche.* Von https://www.computerwoche.de/a/blockchain-was-ist-das,3227284 abgerufen

Meier, A., & Fill, H.-G. (2020). *Blockchain - Grundlagen, Anwendungsszenarien und Nutzungspotenziale.* Wiesbaden: Springer.

Nakamoto, S. (1. November 2008). Bitcoin: A Peer-to-Peer Electronic Cash System. www.bitcoin.org.

Schiller, K. (19. April 2020). *Blockchainwelt.* Von https://blockchainwelt.de/blockchain-node-lightweight-nodes-und-full-nodes-bitcoin-ethereum/#Nodes_8211_Eine_grundlegende_Einordnung abgerufen

Schiller, K. (12. Februar 2020). *Blockchainwelt.* Von https://blockchainwelt.de/blockchain-was-ist-das/ abgerufen

Statista. (2019). Anzahl der weltweiten Blockchain-Patentanmeldungen pro Jahr von 2008 bis 2019.

Szabo, N. (1994). *Smart Contracts*. Von fon.hum.uva.nl: http://www.fon.hum.uva.nl/rob/Courses/InformationInSpeech/CDROM/Li terature/LOTwinterschool2006/szabo.best.vwh.net/smart.contracts.html abgerufen